事业单位工作人员处分规定

中国劳动社会保障出版社

图书在版编目(CIP)数据

事业单位工作人员处分规定. -- 北京：中国劳动社会保障出版社，2024

ISBN 978-7-5167-6260-8

Ⅰ.①事… Ⅱ. Ⅲ.①行政事业单位-工作人员-行政处罚法-研究-中国 Ⅳ.①D922.114

中国国家版本馆 CIP 数据核字(2024)第 019398 号

中国劳动社会保障出版社出版发行

(北京市惠新东街 1 号　邮政编码：100029)

*

北京市科星印刷有限责任公司印刷装订　　新华书店经销

880 毫米×1230 毫米　32 开本　1 印张　13 千字

2024 年 1 月第 1 版　　2024 年 1 月第 1 次印刷

定价：10.00 元

营销中心电话：400-606-6496

出版社网址：http://www.class.com.cn

中共中央组织部
人力资源社会保障部
关于印发《事业单位工作人员处分规定》的通知

各省、自治区、直辖市党委组织部、政府人力资源社会保障厅（局），新疆生产建设兵团党委组织部、人力资源社会保障局，中央和国家机关各部委、各人民团体组织人事部门，部分高等学校党委：

为严明事业单位纪律规矩，规范事业单位工作人员行为，保证事业单位及其工作人员依法履职，根据《中华人民共和国公职人员政务处分法》和《事业单位人事管理条例》等法律法规，中央组织部、人力资源社会保障部共同研究制定了《事业单位工作人员处分规定》，现印发给你们，请结合本地区、本部门、本单位实际认真贯彻执行。

中共中央组织部

人力资源社会保障部

2023 年 11 月 6 日

事业单位工作人员处分规定

第一章　总　　则

第一条　为严明事业单位纪律规矩，规范事业单位工作人员行为，保证事业单位及其工作人员依法履职，根据《中华人民共和国公职人员政务处分法》和《事业单位人事管理条例》，制定本规定。

第二条　事业单位工作人员违规违纪违法，应当承担纪律责任的，依照本规定给予处分。

任免机关、事业单位对事业单位中从事管理的人员给予处分，适用《中华人民共和国公职人员政务处分法》第二章、第三章规定。处分的程序、申诉等适用本规定。

第三条　给予事业单位工作人员处分，应当坚持党管干部、党管人才原则；坚持公正、公平；坚持惩治与教育相结合。

给予事业单位工作人员处分，应当与其违规违纪违法行为的性质、情节、危害程度相适应。

给予事业单位工作人员处分，应当事实清楚、证据确凿、定性准确、处理恰当、程序合法、手续完备。

第二章　处分的种类和适用

第四条　事业单位工作人员处分的种类为：

（一）警告；

（二）记过；

（三）降低岗位等级；

（四）开除。

第五条　事业单位工作人员受处分的期间为：

（一）警告，六个月；

（二）记过，十二个月；

（三）降低岗位等级，二十四个月。

处分决定自作出之日起生效，处分期自处分决定生效之日起计算。

第六条　事业单位工作人员受到警告处分的，在作出处分决定的当年，参加年度考核，不能确定为优秀档次；受到记过处分的当年，受到降低岗位等级处分的当年及第二年，参加年度考核，只写评语，不确定档次。

事业单位工作人员受到降低岗位等级处分的，自处分决定生效之日起降低一个以上岗位和职员等级聘用，按照事业单位收入分配有关规定确定其工资待遇；对同时在管理和专业技术两类岗位任职的事业单位工作人员发生违规违纪违法行为的，给予降低岗位等级处分时，应当同时降低两类岗位的等级，并根据违规违纪违法的情形与岗位性质的关联度确定降低岗位类别的主次。

事业单位工作人员在受处分期间，不得聘用到高于现聘岗位和职员等级。受到开除处分的，自处分决定生效之日起，终止其与事业单位的人事关系。

第七条 事业单位工作人员受到记过以上处分的，在受处分期间不得参加专业技术职称评审或者工勤技能人员职业技能等级认定。

第八条 事业单位工作人员同时有两种以上需要给予处分的行为的，应当分别确定其处分。应当给予的处分种类不同的，执行其中最重的处分；应当给予开除以外多个相同种类处分的，执行该处分，处分期应当按照一个处分期以上、多个处分期之和以下确定，但是最长不得超过四十八个月。

事业单位工作人员在受处分期间受到新的处分的，其处分期为原处分期尚未执行的期限与新处分期限之和，但是最长不得超过四十八个月。

第九条 事业单位工作人员二人以上共同违规违纪违法，需要给予处分的，按照各自应当承担的责任，分别给予相应的处分。

第十条 有下列情形之一的，应当从重处分：

（一）在处分期内再次故意违规违纪违法，应当受到处分的；

（二）在二人以上的共同违规违纪违法行为中起主要作用的；

（三）隐匿、伪造、销毁证据的；

（四）串供或者阻止他人揭发检举、提供证据材料的；

（五）包庇同案人员的；

（六）胁迫、唆使他人实施违规违纪违法行为的；

（七）拒不上交或者退赔违规违纪违法所得的；

（八）法律、法规、规章规定的其他从重情节。

第十一条 有下列情形之一的，可以从轻或者减轻给予处分：

（一）主动交代本人应当受到处分的违规违纪违法行为的；

（二）配合调查，如实说明本人违规违纪违法事实的；

（三）主动采取措施，有效避免、挽回损失或者消除不良影响的；

（四）检举他人违规违纪违法行为，情况属实的；

（五）在共同违规违纪违法行为中起次要或者辅助作用的；

（六）主动上交或者退赔违规违纪违法所得的；

（七）其他从轻或者减轻情节。

第十二条 违规违纪违法行为情节轻微，且具有本规定第十一条的情形之一的，可以对其进行谈话提醒、批评教育、责令检查或者予以诫勉，免予或者不予处分。

事业单位工作人员因不明真相被裹挟或者被胁迫参与违规违纪违法活动，经批评教育后确有悔改表现的，可以减轻、免予或者不予处分。

第十三条 事业单位工作人员违规违纪违法取

得的财物和用于违规违纪违法的财物，除依法应当由其他机关没收、追缴或者责令退赔的，由处分决定单位没收、追缴或者责令退赔；应当退还原所有人或者原持有人的，依法予以退还；属于国家财产或者不应当退还以及无法退还的，上缴国库。

第十四条 已经退休的事业单位工作人员退休前或者退休后有违规违纪违法行为应当受到处分的，不再作出处分决定，但是可以对其立案调查；依规依纪依法应当给予降低岗位等级以上处分的，应当按照规定相应调整其享受的待遇。

第十五条 事业单位有违规违纪违法行为，应当追究纪律责任的，依规依纪依法对负有责任的领导人员和直接责任人员给予处分。

第三章 违规违纪违法行为及其适用的处分

第十六条 有下列行为之一的，给予记过处分；情节较重的，给予降低岗位等级处分；情节严重的，给予开除处分：

（一）散布有损宪法权威、中国共产党领导和国家声誉的言论的；

（二）参加旨在反对宪法、中国共产党领导和国家的集会、游行、示威等活动的；

（三）拒不执行或者变相不执行中国共产党和国家的路线方针政策、重大决策部署的；

（四）参加非法组织、非法活动的；

（五）利用宗教活动破坏民族团结和社会稳定的；挑拨、破坏民族关系，或者参加民族分裂活动的；

（六）在对外交往中损害国家荣誉和利益的；

（七）携带含有依法禁止内容的书刊、音像制品、电子出版物进入境内的；

（八）其他违反政治纪律的行为。

有前款第二项、第四项、第五项行为之一的，对策划者、组织者和骨干分子，给予开除处分。

公开发表反对宪法确立的国家指导思想，反对中国共产党领导，反对社会主义制度，反对改革开放的文章、演说、宣言、声明等的，给予开除处分。

第十七条 有下列行为之一的，给予警告或者记过处分；情节较重的，给予降低岗位等级处分；情节严重的，给予开除处分：

（一）采取不正当手段为本人或者他人谋取岗位；

（二）在事业单位选拔任用、公开招聘、考核、培训、回避、奖励、申诉、职称评审等人事管理工作中有违反组织人事纪律行为的；

（三）其他违反组织人事纪律的行为。

篡改、伪造本人档案资料的，给予记过处分；情节严重的，给予降低岗位等级处分。

违反规定出境或者办理因私出境证件的，给予记过处分；情节严重的，给予降低岗位等级处分。

违反规定取得外国国籍或者获取境外永久居留资格、长期居留许可的，给予降低岗位等级以上处分。

第十八条 有下列行为之一的，给予警告或者记过处分；情节较重的，给予降低岗位等级处分；情节严重的，给予开除处分：

（一）在执行国家重要任务、应对公共突发事件中，不服从指挥、调遣或者消极对抗的；

（二）破坏正常工作秩序，给国家或者公共利益造成损失的；

（三）违章指挥、违规操作，致使人民生命财产遭受损失的；

（四）发生重大事故、灾害、事件，擅离职守或者不按规定报告、不采取措施处置或者处置不力的；

（五）在项目评估评审、产品认证、设备检测检验等工作中徇私舞弊，或者违反规定造成不良影响的；

（六）泄露国家秘密，或者泄露因工作掌握的内幕信息、个人隐私，造成不良后果的；

（七）其他违反工作纪律失职渎职的行为。

第十九条 有下列行为之一的，给予警告或者记过处分；情节较重的，给予降低岗位等级处分；情节严重的，给予开除处分：

（一）贪污、索贿、受贿、行贿、介绍贿赂、挪用公款的；

（二）利用工作之便为本人或者他人谋取不正当利益的；

（三）在公务活动或者工作中接受礼品、礼金、各种有价证券、支付凭证的；

（四）利用知悉或者掌握的内幕信息谋取利益的；

（五）用公款旅游或者变相用公款旅游的；

（六）违反国家规定，从事、参与营利性活动或者兼任职务领取报酬的；

（七）其他违反廉洁从业纪律的行为。

第二十条 有下列行为之一的，给予警告或者记过处分；情节较重的，给予降低岗位等级处分；情节严重的，给予开除处分：

（一）违反国家财政收入上缴有关规定的；

（二）违反规定使用、骗取财政资金或者违反规定使用、骗取、隐匿、转移、侵占、挪用社会保险基金的；

（三）擅自设定收费项目或者擅自改变收费项目的范围、标准和对象的；

（四）挥霍、浪费国家资财或者造成国有资产流失的；

（五）违反国有资产管理规定，擅自占有、使用、处置国有资产的；

（六）在招标投标和物资采购工作中违反有关规定，造成不良影响或者损失的；

（七）其他违反财经纪律的行为。

第二十一条 有下列行为之一的，给予警告或者记过处分；情节较重的，给予降低岗位等级处分；情节严重的，给予开除处分：

（一）利用专业技术或者技能实施违规违纪违法行为的；

（二）有抄袭、剽窃、侵吞他人学术成果，伪造、篡改数据文献，或者捏造事实等学术不端行为的；

（三）利用职业身份进行利诱、威胁或者误导，损害他人合法权益的；

（四）利用权威、地位或者掌控的资源，压制不同观点，限制学术自由，造成重大损失或者不良影响的；

（五）在申报岗位、项目、荣誉等过程中弄虚作假的；

（六）工作态度恶劣，造成不良社会影响的；

（七）其他严重违反职业道德的行为。

有前款第一项规定行为的，给予记过以上处分。

第二十二条 有下列行为之一的，给予警告或者记过处分；情节较重的，给予降低岗位等级处分；情节严重的，给予开除处分：

（一）违背社会公序良俗，在公共场所有不当行为，造成不良影响的；

（二）制造、传播违法违禁物品及信息的；

（三）参与赌博活动的；

（四）有实施家庭暴力，虐待、遗弃家庭成员，或者拒不承担赡养、抚养、扶养义务等的；

（五）其他严重违反公共秩序、社会公德的行为。

吸食、注射毒品，组织赌博，组织、支持、参与卖淫、嫖娼、色情淫乱活动的，给予降低岗位等级以上处分。

第二十三条 事业单位工作人员犯罪，有下列情形之一的，给予开除处分：

（一）因故意犯罪被判处管制、拘役或者有期徒刑以上刑罚（含宣告缓刑）的；

（二）因过失犯罪被判处有期徒刑，刑期超过三年的；

（三）因犯罪被单处或者并处剥夺政治权利的。

因过失犯罪被判处管制、拘役或者三年以下有期徒刑的，一般应当给予开除处分；案件情况特殊，给予降低岗位等级处分更为适当的，可以不予开除，但是应当报请事业单位主管部门批准，并报同级事业单位人事综合管理部门备案。

事业单位工作人员因犯罪被单处罚金，或者犯罪情节轻微，人民检察院依法作出不起诉决定或者人民法院依法免予刑事处罚的，给予降低岗位等级处分；造成不良影响的，给予开除处分。

第四章　处分的权限和程序

第二十四条　对事业单位工作人员的处分，按照干部人事管理权限，由事业单位或者事业单位主管部门决定。

开除处分由事业单位主管部门决定，并报同级事业单位人事综合管理部门备案。

对中央和地方直属事业单位工作人员的处分，按照干部人事管理权限，由本单位或者有关部门决定；其中，由本单位作出开除处分决定的，报同级事业单位人事综合管理部门备案。

第二十五条　对事业单位工作人员的处分，按照以下程序办理：

（一）对事业单位工作人员违规违纪违法行为初步调查后，需要进一步查证的，应当按照干部人事管理权限，经事业单位负责人批准或者有关部门同意后立案；

（二）对被调查的事业单位工作人员的违规违纪违法行为作进一步调查，收集、查证有关证据材料，并形成书面调查报告；

（三）将调查认定的事实及拟给予处分的依据告知被调查的事业单位工作人员，听取其陈述和申辩，并对其所提出的事实、理由和证据进行复核，记录在案。被调查的事业单位工作人员提出的事实、理由和证据成立的，应予采信；

（四）按照处分决定权限，作出对该事业单位工作人员给予处分、免予不予处分或者撤销案件的决定；

（五）处分决定单位印发处分决定；

（六）将处分决定以书面形式通知受处分事业单位工作人员本人和有关单位，并在一定范围内宣布；

（七）将处分决定存入受处分事业单位工作人员的档案。

第二十六条 事业单位工作人员已经被立案调查，不宜继续履职的，可以按照干部人事管理权限，由事业单位或者有关部门暂停其职责。

被调查的事业单位工作人员在案件立案调查期间，不得解除聘用合同、出境，所在单位不得对其交流、晋升、奖励或者办理退休手续。

第二十七条 对事业单位工作人员案件进行调查，应当由二名以上办案人员进行；接受调查的单位和个人应当如实提供情况。

以暴力、威胁、引诱、欺骗等非法方式收集的证据不得作为定案的根据。

在调查中发现事业单位工作人员受到不实检举、控告或者诬告陷害，造成不良影响的，应当按照规定及时澄清事实，恢复名誉，消除不良影响。

第二十八条 参与事业单位工作人员案件调查、处理的人员应当回避的，执行《事业单位人事管理回避规定》等有关规定。

第二十九条 给予事业单位工作人员处分，应当自批准立案之日起六个月内作出决定；案情复杂或者遇有其他特殊情形的可以延长，但是办案期限最长不得超过十二个月。

第三十条 处分决定应当包括下列内容：

（一）受处分事业单位工作人员的姓名、工作单位、原所聘岗位（所任职务）名称及等级、职员等级等基本情况；

（二）经查证的违规违纪违法事实；

（三）处分的种类、受处分的期间和依据；

（四）不服处分决定的申诉途径和期限；

（五）处分决定单位的名称、印章和作出决定的日期。

第三十一条　事业单位工作人员受到处分，应当办理岗位、职员等级、工资及其他有关待遇等的变更手续的，由人事部门按照管理权限在作出处分决定后一个月内办理；特殊情况下，经批准可以适当延长办理期限，但是最长不得超过六个月。

第三十二条　事业单位工作人员受开除以外的处分，在受处分期间有悔改表现，并且没有再出现违规违纪违法情形的，处分期满后自动解除处分。

处分解除后，考核及晋升岗位和职员等级、职称、工资待遇按照国家有关规定执行，不再受原处分的影响。但是，受到降低岗位等级处分的，不恢复受处分前的岗位、职员等级、工资待遇；无岗位、职员等级可降而降低薪级工资的，处分解除后，不恢复受处分前的薪级工资。

第三十三条 事业单位工作人员受到开除处分后，事业单位应当及时办理档案和社会保险关系转移手续，具体办法按照有关规定执行。

第五章 复核和申诉

第三十四条 受到处分的事业单位工作人员对处分决定不服的，可以自知道或者应当知道该处分决定之日起三十日内向原处分决定单位申请复核。对复核结果不服的，可以自接到复核决定之日起三十日内，按照《事业单位工作人员申诉规定》等有关规定向原处分决定单位的主管部门或者同级事业单位人事综合管理部门提出申诉。

受到处分的中央和地方直属事业单位工作人员的申诉，按照干部人事管理权限，由同级事业单位人事综合管理部门受理。

第三十五条 原处分决定单位应当自接到复核申请后的三十日内作出复核决定。受理申诉的单位应当自受理之日起六十日内作出处理决定；案情复杂的，可以适当延长，但是延长期限最多不超过三十日。

复核、申诉期间不停止处分的执行。

事业单位工作人员不因提出复核、申诉而被加重处分。

第三十六条 有下列情形之一的，受理处分复核、申诉的单位应当撤销处分决定，重新作出决定或者责令原处分决定单位重新作出决定：

（一）处分所依据的事实不清、证据不足的；

（二）违反规定程序，影响案件公正处理的；

（三）超越职权或者滥用职权作出处分决定的。

第三十七条 有下列情形之一的，受理复核、申诉的单位应当变更处分决定或者责令原处分决定单位变更处分决定：

（一）适用法律、法规、规章错误的；

（二）对违规违纪违法行为的情节认定有误的；

（三）处分不当的。

第三十八条 事业单位工作人员的处分决定被变更，需要调整该工作人员的岗位、职员等级或者工资待遇的，应当按照规定予以调整；事业单位工作人员的处分决定被撤销的，需要恢复该工作人员的岗位、职员等级、工资待遇的，按照原岗位、职员等级安排相应的岗位、职员等级，恢复相应的工资待遇，并在原处分决定公布范围内为其恢复名誉。

被撤销处分或者被减轻处分的事业单位工作人员工资待遇受到损失的，应当予以补偿。没收、追缴财物错误的，应当依规依纪依法予以返还、赔偿。

第六章　附　　则

第三十九条　对事业单位工作人员处分工作中有滥用职权、玩忽职守、徇私舞弊、收受贿赂等违规违纪违法行为的工作人员，按照有关规定给予处分；涉嫌犯罪的，依法追究刑事责任。

第四十条　对机关工勤人员给予处分，参照本规定执行。

第四十一条　教育、科研、文化、医疗卫生、体育等部门，可以依据本规定，结合自身工作的实际情况，与中央事业单位人事综合管理部门联合制定具体办法。

第四十二条　本规定实施前，已经结案的案件如果需要复核、申诉，适用当时的规定。尚未结案的案件，如果行为发生时的规定不认为是违规违纪违法的，适用当时的规定；如果行为发生时的规定认定是违规违纪违法的，依照当时的规定处理，但是如果本规定不认为是违规违纪违法的或者根据本规定处理较轻的，适用本规定。

第四十三条　本规定所称以上、以下，包括本数。

第四十四条　本规定由中共中央组织部、人力资源社会保障部负责解释。

第四十五条　本规定自发布之日起施行。

人力资源社会保障部相关司局负责人就《事业单位工作人员处分规定》答记者问

（2023 年 11 月 24 日）

近日，中共中央组织部、人力资源社会保障部印发了修订后的《事业单位工作人员处分规定》（以下简称《处分规定》），人力资源社会保障部事业单位人事管理司负责人就相关问题，回答了记者提问。

问：为什么要制定《处分规定》？

答：《处分规定》立足于适应事业单位人事管理的新要求，着眼于加强对事业单位工作人员的教育、管理和监督，对处分的原则、种类、适用、权限、程序等作出全面规定，是开展事业单位处分工作的基本依据，是完善事业单位人事管理“考、奖、罚”制度体系的重要举措。2012年8月，人力资源社会保障部、原监察部联合颁布《事业单位工作人员处分暂行规定》（以下简称《暂行规定》），实施十多年来，对严明事业单位纪律规矩、规范事业单位工作人员行为、保证事业单位及其工作人员依法履职发挥了重要作用。但随着社会事业的发展和事业单位人事制度改革的逐步深入，事业单位工作人员处分工作形势任务发生较大变化，要求及时修订《暂行规定》。一是贯彻新精神。党的十八大以来，习近平总书记对全面从严治党、从严管理干部作出一系列重要论述，党的二十大对加强干部全方位管理和经常性监督提出明确要求，这些新精神、新要求应当及时体现在事业单位工作人员管理工作中。二是衔接新政策。2018年《监察法》将事业单位中从事管理的人员纳入了监察对象，2020年《政务处分法》对此部分人员的处分工作作出了新规定，事业单位工作人员处分工作需与新政策保持衔接和平衡。三是解决新问题。近年来，事业单位工作人员处分工作面临新情况、新问题，如，近年来国家人口计划生育政策已有重大调整，不宜再将“违反规定超计划生育的”列为处分情形等，需要对原政策进行相应的调整。

问：制定《处分规定》的总体考虑是什么？

答：制定《处分规定》，坚持以习近平新时代中国特色社会主义思想为指导，贯彻落实党中央全面从严治党、从严管理干部、加强对干部全方位管理和经常性监督的决策部署，坚持党管干部、党管人才原则，坚持公正、公平，坚持惩治与教育相结合，以《政务处分法》和《事业单位人事管理条例》为依据，把握事业单位特点，适应新形势新任务，对事业单位工作人员处分的原则、种类、适用规则、违规违纪违法行为及其适用的处分、处分的权限和程序等作了进一步规范完善，进一步严明事业单位各项纪律规矩，进一步增强处分工作的针对性、有效性，着力规范事业单位工作人员行为，促进教科文卫等社会事业健康发展。

问：《处分规定》主要内容有哪些？

答：《处分规定》共六章四十五条。第一章"总则"，主要明确制定目的依据、适用范围、基本原则和总体要求。第二章"处分的种类和适用"，主要明确处分种类和受处分的后果。第三章"违规违纪违法行为及其适用的处分"，主要明确各类违规违纪违法行为的具体情形及适用的处分。第四章“处分的权限和程序”，主要明确处分的权限、程序和处分决定的内容。第五章“复核和申诉”，主要明确复核、申诉的程序和时限。第六章“附则”，主要明确纪律要求等相关事宜。

问：《处分规定》规定了哪几个方面的违规违纪违法行为？

答：事业单位工作人员违规违纪违法，对国家利益、公共利益等造成损失的，必须承担纪律责任。落实党中央部署要求，结合近些年事业单位工作人员处分工作的实际情况，《处分规定》规定，对事业单位工作人员违反政治纪律、违反组织人事纪律、违反工作纪律、违反廉洁从业纪律、违反财经纪律、违反职业道德和违反公共秩序、社会公德等七个方面的违规违纪违法行为给予处分，并根据情节轻重明确了相应的适用处分种类。

问：《处分规定》如何体现突出政治标准、严明政治纪律？

答：贯彻落实党的二十大精神，《处分规定》坚持把政治标准放在首位，进一步严明了政治纪律。如，第三章明确“散布有损宪法权威、中国共产党领导和国家声誉的言论的”“参加旨在反对宪法、中国共产党领导和国家的集会、游行、示威等活动的”“拒不执行或者变相不执行中国共产党和国家的路线方针政策、重大决策部署的”等均为违规违纪违法行为，并依情节轻重给予记过以上直至开除的处分。

问：《处分规定》中的处分种类有何考虑？

答：《处分规定》明确，事业单位中从事管理的人员适用《政务处分法》规定的六种处分种类（即警告、记过、记大过、降级、撤职、开除）；事业单位中其他人员适用本规定，其违规违纪违法行为沿用执行四种处分种类（即警告、记过、降低岗位等级、开除）。

问：《处分规定》对于被判处刑罚的事业单位工作人员如何处分？

答：《处分规定》规定，事业单位工作人员因过失犯罪被判处管制、拘役或者三年以下有期徒刑的，一般应当予以开除。案件情况特殊，给予降低岗位等级处分更为适当的，可以不予开除，但是应当报请事业单位主管部门批准，并报同级事业单位人事综合管理部门备案。

《处分规定》明确，对于因故意犯罪被判处管制、拘役或者有期徒刑以上刑罚（含宣告缓刑）的；因过失犯罪被判处有期徒刑，刑期超过三年的；因犯罪被单处或者并处剥夺政治权利的，给予开除处分。事业单位工作人员因犯罪被单处罚金，或者犯罪情节轻微，人民检察院依法作出不起诉决定或者人民法院依法免予刑事处罚的，给予降低岗位等级处分；造成不良影响的，给予开除处分。

问：对贯彻落实《处分规定》有什么具体部署？

答：《处分规定》是贯彻落实党的二十大精神和党中央全面从严治党部署要求的重要举措，我们在印发的通知中已对各地区各部门各单位结合实际抓好《处分规定》的贯彻落实提出明确要求。近期，我们还将通过媒体开展系列宣传，并通过会议、培训等多种形式，加强政策宣传解读；把《处分规定》纳入组织人事部门有关培训班的重要内容，帮助各地区各部门各单位准确把握政策，严格执行政策；指导有关行业主管部门结合行业实际情况，根据需要研究制定具体实施办法；跟踪了解贯彻落实情况，加强组织指导和督促检查，确保《处分规定》顺利实施、落地见效。